Alquimista de Palabras

Platero
COOLBOOKS

Título: Citas en neón
Primera edición: abril, 2024
© 2024, del texto Alquimista de Palabras.
© 2024, de la edición, maquetación y diseño Platero CoolBooks.
© Platero Editorial S.L.
Glorieta Fernando Quiñones s/n .
Edif. Centris, planta 2, módulo 10. 41940 Tomares (Sevilla)
info@plateroeditorial.es
www.plateroeditorial.es
Diseño de portada: Platero CoolBooks.

Printed in Spain-Impreso en España
ISBN: 978-84-10062-30-6

A mis nietos Xan, Arán, Irai y la pequeña Gala.

A mi familia, que nunca me falla.

NOTA DEL AUTOR

Después de *Un verso y un reverso,* llega mi segundo libro, *Citas en neón*, radicalmente diferente al primero.

Es una obra completamente blanca, que contiene «citas» que llevan a la poesía al límite mínimo de expresión.

Citas que podríamos poner en un cuaderno, en una carpeta, en una pared de comedor, en la cabecera de la cama, o tatuárnoslas en la piel.

Yo las tengo tatuadas en el corazón.

Citas que me gustaría que a cada lector le trasmitiese alguna sensación, casi jugando, casi como la adivinanza, pero, a su vez, tengan un valor intrínseco en sí mismas.

¿Por qué «neón»? Pues, sólo y exclusivamente por hacer un guiño a mis años de trabajo como rotulista.

Espero que la lectura sea muy amena y podamos seguir estando juntos en las presentaciones y en las charlas de este, mi segundo libro.

ÍNDICE

PARTE I

Estoy a tres besos
detrás de ti.

Si sólo un beso
nos separara.

Si me
necesitas...
llámame.
Y si no...
también.

Y ella se atrevió
a dar el paso.
Y descubrió
un castillo de fuegos
artificiales.

Me preguntaron
si era poeta.
Yo contesté que
soy:
«Alquimista de
Palabras».

Lo peor de
recordar
el pasado
es echar de
menos,
no poder
hacer lo que no
hiciste entonces
y arrepentirte.

Vuela alto.
Yo estaré
abajo para
recogerte.

Estoy en un
momento
que me aprieto
la piel
y supura versos.
Versos llenos de
pasión,
angustia e hiel.
Escribiría todo el día.

En la
inmensidad de
aquellos ojos
azules, él se
lanzó de cabeza
a nadar aquel
luminoso mar,
alrededor de sus
pupilas.

Para Chloe.

Y ella, de
repente,
con sus ojos
inmensos,
se quedó
delante de él,
y le dijo, con voz
suave,
casi susurrando:

«Tito...».

Aquellos que nos
escuchan tienen
algo nuestro.

Mis mejores
versos se
producen en mi
fase REM.
Por eso nunca
serán escritos.

Cuando tu
adolescencia fue
toda mi vida.

Alguna vez cae
una estrella del
cielo para
iluminarnos el
camino.

Hay personas
que llenan tu
vida de luz,
alegría y paz.
Procura tenerlas
siempre cerca.

Cuántos
micro
enamoramientos
hemos tenido en la
vida.

Dame tu luz
y tu tiempo,
yo te daré
mi historia.

Dulces y
entrañables
sueños.

Los tontos
acaban el
camino y siguen
caminando.
Yo acabé el
mundo.

Me dicen que
entre las vidas
perdidas estaba
el camino de
regreso.

Estoy en un
momento que me
sobran muchas
cosas, pero me
hacen falta muy
pocas.

Un beso, Gemma y Maruchi.

Piensa en grande.
Las mejores cosas
salen de grandes
locos.
Yo conseguí
en un baloncesto
algo muy parecido.

No soy un hombre
perfecto, pero un día te
acordarás de mí y vas a
sonreír y dirás: «él sí me
quería...».

Me he dado
cuenta de que
«Vuelo»
rima con
«Abuelo».

Como diría Carl G. Jung:

«Aquel que nos
comprende,
tiene algo
nuestro».

Hoy es el
aniversario de la
muerte del gran
Federico García
Lorca.
Hoy la Luna viste
un manto verde y
plata.
Mirando su
Granada.
Créelo, os lo dice
un lorquiano.

Puedo escribir el
verso más bonito
del mundo.
El más dulce,
el más
melancólico.
El que haga
reír, llorar
o pensar.
Puedo.

Si todos fuéramos
menos hipócritas,
seríamos más
felices.

Enamoramiento 1:

Quién no se ha
enamorado cinco
minutos de la
camarera al
tomar un café.
Una atracción que te
atrae y al salir
del local se diluye
como un azucarillo.

Duerme, niño,
duerme.
Que cuando
despiertes tendrás
un montón de besos
de tu madre.

Ella se fue
dejando una
sombra en el
camino bajo
la luz de la
Luna.
Mientras él,
miedoso,
se refugió
bajo la luz
de una
farola.

Vivir
o no vivir.
Vivir en
negativo
o no vivir en
positivo.

Si las ropas
sencillas te hacen
daño,
vuelve a aquellas
que nunca te
pusiste.

No entiendo una
sociedad en la que
la gente se pelea
por redes sociales.
Llama y pregunta
si era para ti o no...

A quien no perdonan
nunca, es que
ha cometido muchos
pecados.

Creo que siempre
escuché bien.

Y dime quién fue
quien te robó los
sueños.
Sobre todo cuando
tus sueños
eran... yo.

¿A cuántos besos
estamos de distancia?

Nada acaba si aún
no ha comenzado.

Sólo quiero
mirarte con ojitos
de cordero,
tomar el sol en
febrero,
caminar por la
arena sin
desespero.
Dormir abrazado
a ti,
un sueño entero.

Empieza a
escribir y no
pares, no mires
atrás. Mira el
camino y disfruta
de las vistas que tú
puedes ver.

Vive siempre
en azul.
Imagina un
campo
verde a la orilla
de un gran mar
azul.
Pasea entre
sus recuerdos.
Déjala dormir.
Su descanso
será tu color
azul añil.

Cuando tu vida es cansancio,
no puedes más.
Cierro los ojos y vuelo sobre
las aceras, las calles,
sobre el mar.

Si la persona
vale la pena,
¿por qué no te
lanzas?
Personas que
valgan la pena
hay muy pocas.

A veces, las
cosas son tan
obvias
que traspasan.

Si tú supieras lo difícil que es
el transcurrir
de los años.

Tu nivel de
inteligencia es
proporcional a la
capacidad de
perdonar.

Por eso yo
soy muy tonto.

Para A. S.

Hay personas
que desprenden
un aura llena
de calma y tranquilidad.
En su rostro angelical,
coquetean la sonrisa
y la felicidad.
A mí, en otra vida,
me gustaría coincidir
más con personas así.
O ser un gran árbol
con grandes raíces
en la tierra
hundir.
Para poder cada día
ver el alba
en la sierra florecer.

Las cosas
cambian.
Y cuando
cambian hay
que estar listo.
Buenas noches.

Sigo con el libro.
No soy escritor,
no soy poeta.
Soy Alquimista
de Palabras.
Me expreso
mejor
hablándole al
móvil
que hablándole a...

Sabéis que cada
noche intento
dejaros algo en lo
que pensar.
Hoy... sólo deciros
que la vida se va
encauzando, en
algunos lugares. Y
me alegro mucho
por ellos.
Buenas noches,
amigos.

Yo sigo
buscando mi sitio
y no me encuentro.

Sé más feliz
mañana que hoy.
Y si tienes que
hacer algo y no te
atreves, hazlo,
antes de que sea
tarde y te
arrepientas
siempre.

No esperes
a mañana.
Puede ser que
sea tarde.
La vida cambia
en un suspiro.
Lo peor que te
puede pasar
es que te diga
que no.
Sonríe.
Porque reír

es la mejor
medicina.
Porque
tu sonrisa
iluminará el camino.
No te quedes
con la duda
de qué te habrían
dicho.
El camino
hacia delante
es la mejor
opción.

En mi obscuridad
a veces cierro
los ojos muy fuerte
y creo volar.
Sí, ya sé que
no me muevo,
pero en mi vuelo
veo, no me duelen
las rodillas
ni el codo
y floto viendo bien.
Y mi cabeza
se toma un respiro.
Sí, a veces, vuelo...
lejos de mí.

Es curioso, tiene
más memoria el
corazón que el cerebro.

Crecí entre la
niebla
que desprendían
los campos
labrados de mi
tierra.
Y moriré aferrado
a mi niebla.

¿Os habéis parado
a pensar la
cantidad de vidas
que habéis
perdido, para vivir
sólo una?

Hoy he tenido
un buen día.
Sonríe.

¿Y no será que las agujas
del reloj giran al revés
que el tiempo?

Mi corazón se
cogerá vacaciones,
sólo para escuchar
su nombre.

Hoy no me has
visto.
Nada que
escribir.

Hoy os dejo algunos
versos de mis
próximos poemas:
«El renglón torcido
que nunca
enderezaste».
«Dímelo a
borbotones.
Dímelo que yo
escucho».
«Ser testigo mudo
del momento y
poder vivirlo, lento,
muy lento».
«Tan lejos y a la vez
tan cerca».
«Aunque duela,
vivir en paralelo».

¿Y si el tiempo...
me diera la
razón?

Soy la X en todas
las ecuaciones
sin solución.

Mi cerebro y mi
corazón están en
una guerra continua.
Si le hago caso a mi
cerebro, suelo tener
menos problemas.
Si le hago caso a mi
corazón, suelo
sentirme más lleno,
más ser yo.

EL TIEMPO SE PARA

Duerme el aire adormecido
por los rayos de luz
que se cuelan por tus pestañas.

Inventa un nuevo tiempo,
vacío de movimiento,
en el cual un leve sonido
extraña.

Paraliza la enamorada velocidad
en sus ojos, la mirada,
vierte amor el letargo
en sus manos,
en sus poros,
desde sus entrañas.

Esperando ese día
que cambie mi
percepción del
mundo.

Alguien me dijo
que me querías.
No recuerdo
si fue mentira
o fue verdad.

Siempre he
pensado que la
amistad está por
encima de los años.

Y el deseo
cuando estoy despierto,
yo, pensamiento
siempre en ti.

Yo, el bufón y el hombre
que siempre te alegran.

El otro día escuché
recitar un poema
mío en la voz de
otra persona. Y me
emocioné, se me
saltaron las
lágrimas pensando:
«¿Eso lo he escrito yo?
¿Se puede ser más
tonto que yo?».

La soledad es
buena compañera
en tiempos
de muchos
cambios.

Sólo caminando
sientes
la suavidad
de la brisa
en tu cara.

Si alguna vez
fui culpable...
perdóname,
mi pasado ya
pasó.

¿Y cuánto de las
cosas
que te pasan
son de una vida
perdida?
¿O de una vida
olvidada?

Sigue el camino
que lleva a la
montaña Azul.
Allí encontrarás
la ayuda que
necesitas tú.

Sólo mirando
hacia delante,
entenderemos
nuestro pasado.

Nunca nadie me
dijo dónde paré.
Y ahora soy el
que no sabe
cuándo pararse.

En una de mis
vidas perdidas...
Me olvidé mi
sentido común.
Por eso siempre
busco entre
mis recuerdos.

Sabéis cuando
miráis hacia atrás
pensando que ha
pasado alguien y
no ves a nadie.
Soy yo, el hombre
invisible para
todas.

Mi vida empieza
cuando tú
abres los ojos.

Y me tiré a sus
ojos de cabeza
como el que se
lanza a la piscina.

Tú me miras con
esos ojos
escondidos.
Y yo me callo,
me dejas sin
palabras.

A mí me quisieron
mucho mis
compañeras de
instituto.
(Todas me querían
mucho,
como amigo).

Dime, cariño,
en tus noches
heladas de frío,
¿por qué
no vienes al hueco
de mi corazón?
Desde tu partida
quedó tan y tan
vacío.
Y vives del calor
interior de mi
cuerpo.

Si ayer cuando
te daban no
dijiste nada,
ahora que te
quitan, cállate.

El hombre sin
sombra anduvo
buscando por ahí
y no la encontró.

¿Por qué pasa el
mundo a una
velocidad
diferente a mi
velocidad?

En una de mis
vidas perdidas,
estuviste a un beso
de mí.

Sé feliz
y no mires
cuándo.

Si tú me dices,
olvídame.
Yo me grabaré tu
nombre en mi
pecho.

Paseando por las
rocas, con mis
pies desnudos. La
brisa del mar en
mi cara y en mi
maleta el
mundo...

Si te equivocas y
te cruzas con mi
boca
te aseguro que al
final te volverás
loca.

Pinté miles de
rótulos luminosos
haciendo así que
mi pasado
siempre fuera
hermoso.

Estamos a tres
besos
de distancia.
Si tú das
el primer beso,
yo corro
a dar los otros
dos besos
y así
encontrarnos.

El karma
te regresará todo
excepto a la mejor persona
que tuviste y que perdiste
por inmadurez.

Y entre los huecos
de una vida
perdida,
está el camino
hacia tus besos.

No os preocupéis
cuando ya no esté.
Mis abuelos están
esperándome.
Y mis abuelas me
darán los besos y
abrazos que no me
pudieron dar.
Y no hay nada
como un beso y un
abrazo de una
abuela.

Me agarré a un
simple lápiz para
sostener en pie mi
vida.

Vendo un corazón
helado.
Un corazón que
siempre me ha
hecho dudar.
Lo vendo para
comprarme otro
y así volver
a empezar.

Solo no es sólo.
No me gusta la RAE,
poniéndole la
vida servida a los
críos.
Yo vivo siempre
solo, aunque sólo
advierto para
algunos, que sólo
así, seréis capaces
de saber que leéis
solos, sólo si
podéis adivinar
solo, sólo esta vez.
Sólo si voy solo
podré volver solo.

Dame tu mano,
y volemos juntos
alrededor de
tu corazón.

Cuando cierro los
ojos al acostarme,
puedo volar y ser
libre.
Vuelo entre nubes
hechas de
palabras, rimas y
amor.

Me dicen que
tengo que ser
feliz.
Poder dormir
tranquilo es mi
felicidad.
Porque puedo
volar e ir a
controlar
tus sueños,
para que también
tú seas feliz.

PARTE II

El corazón es un
alumno limitado,
que nunca aprende (...),
siempre la misma
asignatura para septiembre.

—*Las cosas que no pude responder*, Marwan.

No te creas
el centro
de un poema
a no ser que
el poeta
te lo indique.
O sí,
¿por qué no?

Y dime si
el blanco
de tus ojos
sigue siendo
del mismo
color o el brillo de tus
lágrimas
lo ha dejado
en un blanco
roto.

Y yo corría hacia
mi pasado como
alma que persigue
el diablo. Viajo a
vivir mi pasado.

Como dice Andrés
Suárez y Rozalén:
«Duele más
un desamigo
que un desamor».
¿Qué pensáis?
Contestadme.

Ah, no,
que no miraba al
espejo. Miraba un
cuadro.
Es lo que tiene...

Me miro al espejo
y no veo nada que
me guste.
Será cuestión de
gustos. ¿No?

Camino un paso
tortuoso que me
lleva a ti.

Para «volver a ser
yo»
necesito, quiero
volver.
Pero una gran losa
tapona con miedos
mi salida al
exterior.

No sé muy bien
a qué clase de
hombre (si es
que lo soy)
pertenezco.
Cada vez tengo
más claro que
me meto donde
no me llaman...

Un adiós
nunca fue
tan largo.

No hay más ciego
que aquel que no
quiere ver.
Yo ya no sé si las
estrellas iluminan
mis pasos de día.

Se esfuerzan en
hacer felices a los
demás porque
saben dónde
pueden acabar.

Cuando cierro los
ojos y vuelo voy a
mi pasado y lo veo
sin poder actuar.
Veo las cosas en
las que me
equivoqué.

Ser
para no volver
a no ser
aquello
que nos hizo
volver a ser.

Mantengo
silencio
cuando quien
tiene que oír
no escucha.

Fuimos una vez
lo que no
quisimos.
Fuimos una vez
el amor
que nos
prometimos.
Fuimos una vez
aquello que
venir no vimos.
Fuimos una vez
esa mirada
que nos dejó
la espalda helada.
Fuimos una vez
esa pareja
superviviente,
de esos amores prohibidos.

Fuimos una vez
aquello que
mirándonos

a los ojos
y con las manos
entrelazadas
nos prometimos.
Fuimos una vez
todo lo que ahora
nos arrepentimos.
Fuimos,
sólo fuimos...

FELICES.

Los peores
miedos son las
preguntas sin
respuesta.
Te anclan al
pasado y no te
dejan progresar.
Es peor si las
preguntas son fáciles de...

Ya no hay cielo en mis vuelos.
Ya no hay suelo donde
poner mis pies.
Ya no tengo mar
donde ahogar mis penas.
Ya no hay un camino
hacia la gloria.
Ya sólo queda la vereda
por la que tú pasaste.
El camino que no me llevará a
Roma,
sino a tu pecho.
El renglón torcido
que nunca enderezaste.
El cauce del río
sube hasta mis ojos
para que mis lágrimas
puedan dormir.

Sólo uno sabe
cuántos corazones
has perdido en tu
vida.

Sentado mirando
mi vida pasar.
Cómo pongo tiritas
a los agujeros de las
ráfagas de balas en
el barco oxidado de
mi razón.

Las personas que
me quieren, que
dicen que salga, que
siga adelante,
que no me rinda,
etc.
La de vidas que da
una vuelta.

Me acuerdo de
cosas que ya no sé
si son verdad o
mentira.
Me acuerdo que
venía a buscarme
una persona muy
unida a ti, para que
fuera yo a ayudarte.
Yo iba y sanaba tus
cicatrices.
Hoy necesito ayuda
yo...

Creo que tengo
derecho a poder
vivir a mi manera.
Sé que mi manera
no es la que
querrían todos los
demás, pero
necesito respuestas
que sólo tú me
puedes dar. Y creo
que lo sabes.
Yo siempre creí en
ti. Cree tú en mí por
un momento, por
favor.

Ya no tengo
miedo a nada ni a
nadie.
Sólo me tengo
miedo a mí.

Cómo pesa el
tiempo sobre
las espaldas.
¿Cómo llevar una
cruz que no es
tuya?

Yo ya no
espero nada de
nadie.
Es increíble cómo
son las personas
las que más siguen
defraudándome.

Por problemas al
otro lado de mi
cerebro
tengo que
ausentarme
algunas semanas.
Gracias a todos. Y
perdón por lo que
haya hecho bien.

Era un pasillo
largo y estrecho
que acababa en
una puerta.
Me acerqué
atemorizado
y cuando estuve
delante de la
puerta respiré un
momento...
No fui capaz de
abrirla.

Yo sólo pedí
un poco de
amistad
y me echaron
de todo menos
la verdad.

PARTE III

A mi señal, ira y
fuego.

Fuerza y Honor.

Lo que hacemos en
vida tiene su hueco
en la eternidad.

—Gladiator.

Dulces son los
sueños
cuando tu
consciencia
tiene paz.
Pero los que
tenemos
la mente
torturada
no dormimos...

El mejor
momento del día
es cuando cierro
los ojos muy
fuertes y...
vuelo, entonces
soy
libre.

Me han dicho que
soy un tipo triste
sin gabardina ni bombín.
Sin futuro, sin
aspecto.
La verdad es que
soy un tipo triste
sin bombín ni
gabardina, ni
soy un personaje
feliz, así soy yo, así
soy yo sin ti.

Soy culpable de
algo que no sé qué
es, ni qué he hecho.

La vida duele,
vaya si duele,
porque pasa sin
que tú puedas
hacer nada.
Y las cosas no
salen como tú
quieres, pasan con
dolor. La vida
duele.

Lo que más me
duele es tu
indiferencia hacia
mí y que no me
hables.
No puedo
soportarlo.

Escribo cada día
para ahuyentar
mis demonios.

(viene de ayer)
...y cuando entre
mis nieblas
eternas por fin te
encontré,
lanzaste sobre mí
tus palabras de
fogueo,
y me dieron, vaya
si me hirieron,
que me ha dejado
un gran agujero y
hondo en mi
pecho.
Y por mucho que
leo y releo tus
palabras intento
suavizarlas.
Cuántas cosas sin
explicarnos,
tantas preguntas
sin responder.

Sigue el camino fundiéndose a
negro. Ya cada vez el tiempo es
menor. Sobrevive a las sonrisas
con indudable temor.

Me dicen que el corazón
no duele.
Duele como un zarpazo
en la piel.
Duele, hoy, mañana y
ayer.
El corazón duele
como un puñetazo
en la hiel.

Me piden que
«vuelva a ser yo».
Es difícil, llevo
muchos, muchos
años no «siendo yo».
Tendría que volver
mucho atrás.

Si el cielo, la tierra y el
gran océano azul
respetan mis deseos,
¿por qué no me
respetas tú?

Las cosas que
dependen de mí
son la superación y
pedir perdón a los
que ofendí, nunca
intencionadamente.
No me gusta ser el
malo de la historia.
Soy más de
perdedor.

Dame un
beso helado,
sentados en
aquel banco
verde,
sentados a la
luz de una
Luna
plateada.

Me duele
tener
personas
enfadadas
conmigo
sin saber por
qué.

Cuando veo
monstruos apago
la luz
y siguen
ahí.

Hay dolores que
se ven y otros que
se escuchan entre
tus ojos tristes.

Si yo caminara
entre los muertos
pasearía a
mi lado.

Me piden que elija
entre una vida
«normal», mi vida,
salida de la
depresión, o mi
vida salida de mi
cabeza y mis
recuerdos...
Las dos me duelen.

Hay dolores que
se ven
y hay otros que se
escuchan
en tus ojos tristes.
Por mucho
que te fíes,
no puedes
disimular tu dolor.
Se escuchan
los quejidos
y se ve
el futuro.

Y nuestro camino
llegó un día
a ese punto
donde se tenía
que separar.
E irremediablemente
nos separó.

Y la vida
comenzó
a resbalar
a cada
movimiento.
Mientras, tú
estás atada
a tus
remordimientos.

No puedo vivir
sabiendo
que soy culpable
de tus malos
momentos.

Una foto
duele.
Un poema
duele.
Pero el
silencio
duele aun
más.

Para José Antonio.

Pensaba que
mientras estaba
jugando conmigo
dejaría a los
amigos tranquilos
y por desgracia no
ha sido así.
Amigo, un
bocadillo de jamón
nos comeremos.

Tengo la extraña
sensación de que la
Luna fría y plata me
sigue desde la
distancia. Falta
poco para que baje
a la fragua y recoja
su tesoro.

Sé que la muerte
lleva un tiempo
que me acompaña.
Se divierte
conmigo,
tranquilos.

Me dicen que
mire hacia delante
Que me olvide
de mi depresión.
Que no viva en el
mundo en el que
vivo.
Ni que mire mi
pasado pasar
delante de mí.
Que he tenido
suerte.
Que ya no
tengo que
trabajar más.
Aquí, hablando
al teléfono,
veo a mis ojos llorar.
Veo a mi
futuro negro

y sólo el
pasado tiene
algo de luz.

Me dolió,
me duele
y me dolerá.

Duelen las
heridas
mal cerradas.
Dos brotes verdes
te dan una alegría
pasajera.
No sabemos si
infectadas
tendremos las
cicatrices abiertas.

Agradecimientos

Quiero dar las gracias infinitas a Pilar Pérez Villa, que ha sido mis manos, clasificando, escribiendo y editando todas mis locuras de una manera completamente desinteresada.

Os aseguro que sin ella este libro nunca hubiera sido posible.

MUCHAS GRACIAS.